BEI GRIN MACHT SICH IHR
WISSEN BEZAHLT

- Wir veröffentlichen Ihre Hausarbeit,
  Bachelor- und Masterarbeit

- Ihr eigenes eBook und Buch -
  weltweit in allen wichtigen Shops

- Verdienen Sie an jedem Verkauf

Jetzt bei www.GRIN.com hochladen
und kostenlos publizieren

G R I N ☺

Fragebogenentwicklung zur Emotionalen Intelligenz. Statistische Analysen mit SPSS

Denis Pyttel

Bibliografische Information der Deutschen Nationalbibliothek:

Die Deutsche Nationalbibliothek verzeichnet diese Publikation in der Deutschen Nationalbibliografie; detaillierte bibliografische Daten sind im Internet über http://dnb.d-nb.de abrufbar.

ISBN: 9783346631794
Dieses Buch ist auch als E-Book erhältlich.

© GRIN Publishing GmbH
Nymphenburger Straße 86
80636 München

Alle Rechte vorbehalten

Druck und Bindung: Books on Demand GmbH, Norderstedt Germany
Gedruckt auf säurefreiem Papier aus verantwortungsvollen Quellen

Das vorliegende Werk wurde sorgfältig erarbeitet. Dennoch übernehmen Autoren und Verlag für die Richtigkeit von Angaben, Hinweisen, Links und Ratschlägen sowie eventuelle Druckfehler keine Haftung.

Das Buch bei GRIN: https://www.grin.com/document/1190071

Einsendeaufgabe

Fragebogenentwicklung zur Emotionalen Intelligenz. Statistische Analysen mit SPSS.

abgegeben am 12.03.2022 im E-Campus

Modul: Wissenschaftliches Arbeiten – Vertiefung II

Studiengang: Wirtschaftspsychologie (B.Sc.)

von

Denis Pyttel

Studiengang: Wirtschaftspsychologie (B.Sc.)

Inhaltsverzeichnis

Abbildungsverzeichnis

Fragebogenentwicklung zur Emotionalen Intelligenz

Mit einem Fragebogen können Meinungen, Einstellungen oder Verhaltensmuster von Menschen erfasst werden, um diese anschließend mit der Statistik zu untersuchen. Dabei kann herausgefunden werden, weshalb Menschen solche Ansichten (durch Zusammenhänge von Variablen) haben oder es kann auf die Bevölkerung (Grundgesamtheit) geschlossen werden.

Dabei ist ein Fragebogen eine Liste von gesammelten Fragen, welche strukturiert ist und jedem Teilnehmer, bzw. Teilnehmerin gleich vorgelegt wird (Häcker, 2021).

Da Fragebögen wichtige Instrumente der Datenerhebung sind beschäftigt sich dieses Kapitel mit der Konstruktion eines Fragebogens zum Thema emotionale Intelligenz.

Mit der emotionalen Intelligenz kann herausgefunden werden, wie gut ein Mensch Gefühle wahrnehmen, verstehen und mit diesen umgehen kann (Bosley & Kasten, 2018, S. 41). Dabei können vier Bereiche unterschieden werden. Zum einem die Wahrnehmung der eigenen Emotionen und der Emotionen anderer, zum anderen durch Selbstmanagement die eigenen Gefühle zu beeinflussen und durch die soziale Fähigkeit die Gefühle anderer Menschen zu beeinflussen (Müllner & Müllner, 2021, S. 17 – 18).

Der Fragebogen, welcher in diesem Kapitel vorgestellt wird, wird in vier Dimensionen eingeteilt, nämlich Wahrnehmung und Ausdruck von Emotionen (eigener und fremder), der Nutzung von Emotionen bei kognitiven Anforderungen (Nutzung von Emotionen beim Arbeiten), der Analyse von Emotionen und dem Emotionsmanagement (Offenheit und Beeinflussung). Ein mögliches Ziel dieses Fragebogens kann es sein herauszufinden wie gut die emotionale Intelligenz in der Bevölkerung ist, um ähnlich wie beim Intelligenzquotienten (IQ), eine Normierung zu erheben, sodass Menschen diesen Test machen können, um sich dann mit der Bevölkerung zu vergleichen.

Dabei wird in diesem Kapitel allerdings nur auf die Konstruktion des Fragebogens eingegangen, eine reale Erhebung und anschließende statistische Berechnung wird in dieser Arbeit nicht durchgeführt. Der fertig entwickelte Fragebogen zur emotionalen Intelligenz kann im Anhang 1 entnommen werden.

Vorüberlegungen

Damit ein Fragebogen sinnvoll erstellt werden kann, sollte die Zielgruppe definiert werden. Es macht nämlich einen großen Unterschied, ob der Fragebogen von Kindern, von Studenten/Studentinnen oder von Führungskräften ausgefüllt werden soll.

So muss bei einem Fragebogen für Kinder oder auch für Menschen mit niedrigem Bildungsniveau die Fragen einfacher formuliert werden, damit sie diese auch verstehen können. Bei Studenten/Studentinnen kann erwartet werden, dass diese auch schwierigere Fragen verstehen, sofern diese nicht in einer für sie fachfremden Sprache formuliert werden (Schmidt-Atzert, Krumm & Amelang, 2021, S. 96).

Die Zielgruppe für emotionale Intelligenz kann theoretisch jeden betreffen, der Fragebogen dieser Arbeit ist allerdings für Erwachsene ohne besonderes Anforderungsniveau konzipiert.

Wenn die Zielgruppe bekannt ist, dann sollte auch die Kommunikation zu ihnen beachtet werden, damit diese von dem Fragebogen mitbekommen und ihn damit eher ausfüllen.

So sollte bei einer Befragung von Mitarbeitern, bzw. Mitarbeiterinnen zum Beispiel eine Vorankündigung, dann die Einladung und zum Schluss eine Erinnerung kommuniziert werden (Theobald, 2017, S. 132).

Begleitschreiben

Ein Begleitschreiben, bzw. die Einleitung des Fragebogens enthält einige Informationen zum eigentlichen Fragebogen.

Dabei kann der Aufbau unterschiedlich erfolgen. So kann am Anfang eine Grußformel angegeben werden (Sehr geehrte Teilnehmer, sehr geehrte Teilnehmerinnen), danach sollte das Thema vorgestellt werden (hier Emotionale Intelligenz), anschließend sollte das Ziel der Befragung verdeutlicht werden, also weshalb die Teilnehmer/Teilnehmerinnen an der Befragung teilnehmen sollen, dabei kann sowohl die Wichtigkeit der Forschung betont werden als auch Anreize (z. B. Gutscheine, gratis Forschungsbericht etc.) angeboten werden. Informationen zu benötigter Zeitdauer, sowie des Befragungszeitraumes sollten ebenfalls genannt werden. Es sollten Angaben zum Datenschutz gemacht werden, wer also Zugriff auf die Daten hat (ggf. auf Anonymität verweisen), des Weiteren sollten Angaben zu den Kontaktdaten gemacht werden, damit die Teilnehmer/Teilnehmerinnen die Möglichkeit haben Fragen zu stellen. Damit die Fragen auch korrekt beantwortet werden, sollte eine Anleitung gegeben werden, wie die Fragen zu beantworten sind (z. B. nur ein Kreuz machen). Nach dem Frageteil sollte eine Dankesformel formuliert werden, sowie ein Feld für Anmerkungen bereitgestellt werden (Reinhardt & Ornau, 2015, S. 69 – 70; Theobald, 2017, S. 44).

Ein mögliches Begleitschreiben zum Fragebogen „Emotionale Intelligenz" ist im Anhang 1 zu finden.

Fragenkonstruktion

Es gibt einige Regeln, welche beachtet werden sollten, damit eine Frage als gut formuliert gilt. So müssen die Fragen klar sein, da die Befragten keine Möglichkeit haben zu unmittelbaren Rückfragen, die Fragen sollten kurz sein, keine Fremdwörter beinhalten (außer es ist zumutbar), es muss auf die Zielgruppe angepasst werden, die Fragen müssen neutral sein, also nicht eine Richtung vorgeben und doppelte Verneinungen sollten vermieden werden, da es verwirrend sein kann (2ask, o. D.).

Nun gibt es auch unterschiedliche Fragetypen, wie die offenen, geschlossenen oder halboffenen Fragen. Alle Arten werden vorgestellt und auch im Fragebogen zur emotionalen Intelligenz verwendet.

Offene Fragen werden vor allem bei qualitativen Erhebungen gestellt, da hier die individuelle Antwort der Befragten von Interesse ist. Dabei sollen die Teilnehmer, bzw. Teilnehmerinnen ihre Antworten mit ihren eigenen Worten formulieren und bekommen keine Antwortalternativen vorgeschlagen (Döring & Bortz, 2016, S. 365).

Der Fragebogen zur emotionalen Intelligenz ist zwar ein quantitatives Verfahren, trotzdem gibt es auch hier offene Fragen. In dem Fragebogen soll offen auf das Alter, sowie auf das Herkunftsland geantwortet werden, eine Antwortalternative wird hier nicht vorgegeben.

Die Nachteile von offenen Fragen sind, dass die Befragten die Frage „falsch" beantworten, also nicht in die Richtung die eigentlich gedacht war, die Auswertung ist aufwändiger und da es einen größeren Mehraufwand für die Befragten darstellt machen diese wohl weniger häufig mit als bei geschlossenen Fragen (Reinhardt & Ornau, 2015, S. 16).

Mit geschlossenen Fragen wird vor allem bei quantitativen Verfahren gearbeitet. Hierbei wird eine Frage gestellt und anschließend Antwortalternativen vorgegeben, wo der/die Befragte ankreuzen muss, was für ihn oder sie zutrifft. Dabei ist hier der Nachteil, dass sich die Befragten womöglich nicht mit den Antwortalternativen identifizieren können und daher die Frage gar nicht beantworten. Der Vorteil ist, dass dadurch eine bessere Auswertung z. B. über SPSS möglich ist (Porst, 2014, S. 55).

In dem Fragebogen zur emotionalen Intelligenz sind die meisten Fragen als geschlossene Fragen formuliert. Zum Beispiel gibt es die Frage, bzw. Aussage „Emotionen helfen mir, um Probleme zu lösen" und als Antwortalternativen können nun „Stimme nicht zu", „stimme eher nicht zu", „neutral", „stimme eher zu" oder „stimme zu" ausgewählt werden.

Nun gibt es auch einen Mix zwischen offenen und geschlossenen Fragen, diese werden halboffene Fragen genannt.

So sieht eine halboffene Frage erstmal so aus wie eine geschlossene Frage, denn es sind einige Antwortalternativen verfügbar, aber es gibt eine Antwortalternative welche „Sonstiges" oder „anders, und zwar...." heißt, wo die Befragten, also ihre eigene Antwortalternative eintragen können (Döring & Bortz, 2016, S. 588 – 589).

Der Vorteil hier ist, dass die Auswertung immer noch gut möglich ist und die Befragten die Möglichkeit haben das anzugeben, was für sie wirklich zutrifft.

Im Fragebogen zur emotionalen Intelligenz gibt es eine halboffene Frage, nämlich zum Schulabschluss, hier gibt es die Antwortalternativen „Ohne Abschluss", „Hauptschulabschluss", „Mittlere Reife", „(Fach)- Abitur" und „Hochschulabschluss", darüber hinaus gibt es aber auch die Antwortalternative „Sonstiges" worunter die Befragten ihre, für sie alternativ zutreffende Antwort eintragen können.

Nachdem nun die Formulierung und die Arten von Fragen geklärt sind, soll es noch um die Reihenfolge der Fragen gehen.

So sollten die ersten Fragen direkt die spannendsten, aber auch die Fragen sein, welche von allen beantwortet werden können, sodass niemand direkt am Anfang demovotiert wird. Es sollten auch Frageblöcke erstellt werden, welche die gleiche Thematik haben. Die schwierigen oder heiklen Fragen sollten dann zum Schluss gestellt werden (Reinhardt & Ornau, 2015, S. 22).

Die erste Frage im Fragebogen zur emotionalen Intelligenz lautet „Wie gut nehmen Sie Ihre eigenen Emotionen wahr?". Diese Frage sollte von jedem mehr oder weniger gut beantwortbar sein und ist auch eine interessante Frage, da sich der/die Befragte mit seinen/ihren Emotionen und Erinnerungen auseinandersetzen muss, um diese zu beantworten. Der Fragebogen ist auch in fünf Frageblöcke aufgebaut nämlich in „Wahrnehmung, Bewertung und Ausdruck von Emotionen", „Nutzung von Emotionen bei kognitiven Anforderungen", „Verstehen und Analyse von Emotionen", „Emotionsmanagement" und den „Demographischen Angaben". Die demographischen Fragen sind bewusst am Ende des Fragebogens gestellt, da nicht jeder gerne die Frage zu seinem Schulabschluss oder Beschäftigungsstatus beantworten möchte. Demographische Fragen werden deshalb gestellt, damit später Unterschiede festgestellt werden können. So können durch inferenzstatistische Tests herausgefunden haben wer bessere Werte erzielt hat bei der emotionalen Intelligenz: Männer oder Frauen? Personen mit Hauptschulabschluss oder mit Abitur?

Es können dabei unterschiedliche demographische Angaben erfasst werden, wie z. B. das Geschlecht, das Alter, der Schulabschluss, die Herkunft, die Religion, der Familienstand, die Beschäftigung oder das Einkommen (GESIS Leibniz-Institut für Sozialwissenschaften, o. D.). Beim Fragebogen zur emotionalen Intelligenz werden Angaben zum Alter, zum Geschlecht, zur benötigten Dauer für den Fragebogen, zum Herkunftsland, zum Familienstand, zum Schulabschluss und zum Beschäftigungsstatus erhoben. Schlussendlich enthält der Fragebogen zur emotionalen Intelligenz 25 Fragen.

Antwortkonstruktion

Neben den unterschiedlichen Arten von Fragen, gibt es auch unterschiedliche Arten von Antworten, bzw. der Skalen, welche nun vorgestellt werden.

Zum einem können die Skalen numerisch oder verbal beschrieben werden. Bei numerisch beschriebenen Skalen werden nur die Endpunkte verbalisiert und alle anderen Antwortalternativen werden nur mit einer Ziffer betitelt. Bei der verbalisierten Skala werden allen Antwortalternativen eine Beschreibung vergeben (Reinhardt & Ornau, 2015, S. 19). Der Vorteil von verbalisierten Skalen ist, dass die Befragten dadurch sich besser etwas unter der jeweiligen Antwortalternative vorstellen können, was bei nur numerischen Skalen zu unterschiedlichen Interpretationen führen könnte. Das Problem an verbalisierten Skalen ist, dass desto mehr Antwortalternativen eingeführt werden, desto schwieriger wird es diese gut (verbal) zu differenzieren (Porst, 2014, S. 81 – 82).

Bei dem Fragebogen zur emotionalen Intelligenz werden die Antwortalternativen nur verbal beschrieben, zum einem mit einer Skala von „sehr schlecht" bis „sehr gut" und zum anderem mit einer Skala von „stimme nicht zu" bis „stimme zu".

Es kann auch unterschieden werden zwischen einer geraden und ungeraden Anzahl von Antwortalternativen. Dabei zwingt die gerade Anzahl an Antwortalternativen die Befragten eine Stellung einzunehmen, also z. B. entweder etwas zu zustimmen oder nicht. Bei einer ungeraden Anzahl von Antwortalternativen können die Befragten die mittlere Antwortalternative als neutrales Feld verwenden, fall sie keine Meinung haben. Der Vorteil von geraden Anzahlen ist, dass sich die Befragten klar positionieren müssen, der Nachteil ist allerdings, dass sie es nicht können und irgendeine Antwort zufällig wählen. Bei den ungeraden Anzahlen entfällt das Problem, dafür könnte es sein, dass die mittlere Antwortalternative häufig verwendet wird, um der Beantwortung auszuweichen (Föhl & Friedrich, 2022, S. 45 – 46).

Für den Fragebogen zur emotionalen Intelligenz wurde die Entscheidung getroffen eine ungerade Anzahl an Antwortalternativen zu wählen, da eine klare Positionierung, nicht immer eindeutig möglich ist. Hierbei wird die Mittelkategorie als „mittelmäßig" oder „neutral" beschrieben.

Es kann auch eine Antwortalternative „weiß-nicht" angeboten werden, falls die Befragten zu der Frage keine wirkliche Meinung haben oder die Frage nicht verstanden haben. Dadurch wird die Mittelkategorie weniger häufig verwendet, um der Frage auszuweichen (Moosbrugger & Kelava, 2020, S. 110).

Im Fragebogen zur emotionalen Intelligenz wurde auf die „Weiß-nicht-Kategorie" verzichtet, da die Fragen verständlich sein sollten, sowie die Mittelkategorie ausreichen sollte.

Pretest

Nachdem nun die Zielgruppe geklärt worden ist und der Fragebogen, inklusive Begleitschreiben fertig konstruiert wurde, sollte nun ein Pretest durchgeführt werden, um zu sehen, ob der Fragebogen passt und den Zweck erfüllt oder ob noch etwas angepasst werden muss.

Ein Pretest soll vor allem Auskunft darüber geben, ob die Fragen verständlich sind oder ob diese sprachlich schwierig zu verstehen sind und diese angepasst werden müssen. Es soll Probleme bei der Bearbeitung des Fragebogens aufdecken. Das Interesse, sowie die Aufmerksamkeit soll dadurch erfasst werden, also ob der Test auch gerne und aufmerksam bearbeitet wird. Die Häufigkeitsverteilung soll aufgedeckt werden, um zu sehen, ob einige Antwortalternativen „zu häufig" ausgewählt werden. Technische Probleme sollen aufgedeckt werden, vor allem im Online-Fragebogen-Bereich ob dort alles einwandfrei verläuft, aber auch offline, was die Anleitung zur Bearbeitung angeht. Es kann auch herausgefunden werden, wie lange die Befragten benötigt haben, um den Fragebogen auszufüllen und ob der Fragebogen vielleicht gekürzt werden sollte (Reinhardt & Ornau, 2015, S. 24).

Das sind zumindest einige Fakten, welche dadurch aufgedeckt werden können. Diese Fakten können nun evaluiert werden und zu Anpassungen des Fragebogens führen. Sollte der Fragebogen optimiert worden sein, dann kann die Befragung einer größeren Stichprobe unterzogen werden mit anschließender statistischer Analyse der Daten.

Lage- und Streuungsparameter

In der Deskriptivstatistik sollen aus einer großen Anzahl an Zahlen, kleinere Kennwerte gebildet werden, damit diese besser zu gebrauchen sind (Budischewski, Ornau & Koch, 2021, S. 33).

Dabei können unterschiedliche Kennwerte bestimmt werden, wie der Modus, der Median und der Mittelwert, aber auch Kennwerte wie die Range, die Varianz und die Standardabweichung. Diese werden im Folgendem vorgestellt und an einer fiktiven Altersverteilung berechnet. Zuvor allerdings wird sich dieses Kapitel mit den nötigen Skalenniveaus beschäftigen, welche benötigt werden, um herauszufinden welche Berechnungen durchgeführt werden dürfen.

Skalenniveaus

Es gibt insgesamt vier Skalenniveaus, das Nominale, das Ordinale, das Intervallskalierte und das Verhältnisskalierte.

Eine Nominalskala ermöglicht die Daten in Kategorien einzuordnen, allerdings können die Kategorien nicht nach Größe geordnet werden (Schuster & Liesen, 2017, S. 8). Mögliche Daten können hier das Geschlecht, die Nationalität, der Geburtsort oder die Haarfarbe sein. All diese Daten können in Kategorien eingeordnet werden (z. B. männlich oder weiblich), allerdings kann nicht behauptet werden, welche Kategorie höherwertiger ist, denn alle sind gleich.

Bei einer Ordinalskala können ebenfalls Kategorien gebildet werden, allerdings können diese nun nach einer natürlichen Rangfolge geordnet werden (Eckstein, 2019, S. 29). Daten, wie Schulabschlüsse, Schulnoten oder Zufriedenheiten können in Kategorien gebildet werden und danach geordnet werden. So ist die Mittlere Reife (Rangplatz 2) ein höherwertiger Schulabschluss als der Hauptschulabschluss (Rangplatz 3), das Abitur (Rangplatz 1) ist allerdings höherwertiger als die Mittlere Reife.

Eine Intervallskala kann noch besser gemessen werden als die Ordinalskala, hier ist es so, dass die Skalenwerte konstant sind, aber keinen absoluten Nullpunkt haben. Das klassische Beispiel ist hier die Temperatur in Celsius. Hier können durch Zahlen die Ergebnisse konstant dargestellt werden: 20° Celsius ist größer als 10° Celsius, aber es kann nicht behauptet werden, dass 20° Celsius doppelt so warm ist wie 10° Celsius, aufgrund der Umrechnung in Fahrenheit (Bortz & Schuster, 2010, S. 14).

Ein anderes Beispiel ist der Intelligenzquotient. Auch hier können die Zahlen eindeutig (konstant) verglichen werden.

Zum Schluss gibt es noch die Verhältnisskala, diese hat im Gegensatz zur Intervallskala einen natürlichen Nullpunkt. Beispiele sind hier das Alter, der Umsatz oder die Temperatur in Kelvin (Kühnapfel, 2021, S. 57).

Bei einem Umsatz von 200000€ kann durchaus behauptet werden, dass dieser größer und sogar doppelt so groß ist wie 100000€.

Zentrale Tendenz

Es gibt drei wichtige Kennwerte der zentralen Tendenz, nämlich der Modus, der Median und der Mittelwert (arithmetisches Mittel/Durchschnitt). Diese Kennwerte sollen die Daten beschreiben, wie diese „liegen". Diese werden im folgendem vorgestellt und mit einer beispielhaften Altersverteilung errechnet.

Altersverteilung: 16, 18, 19, 19, 22, 22, 24, 25, 25, 27, 28, 30, 34, 34, 34, 36, 36, 37, 39, 40

Der Modus ist der Kennwert, welcher am häufigsten vorkommt. Sollten davon mehrere Werte betroffen sein, dann sind entweder alle entsprechenden Werte als Modalwert zu betrachten oder gar keiner (Perret, 2019, S. 52).

Der Modus darf immer angeben werden, da er nur die Nominalskala voraussetzt.

In der beispielhaften Altersverteilung gibt es genau einen Wert, welcher am häufigsten vorkommt, nämlich die Zahl „34", die kommt nämlich exakt drei Mal vor. Alle anderen Zahlen kommen nur zwei oder einmal vor (bzw. keinmal).

Der Median ist der Kennwert, welcher exakt in der Mitte der Daten liegt. Dabei müssen die Zahlen erstmal aufsteigend sortiert werden. Bei ungeraden Zahlen ist der Median genau ersichtlich, bei geraden Zahlen müssen die zwei Zahlen in der Mitte zusammengerechnet und durch zwei geteilt werden. Der Vorteil des Medians ist, dass er sich nicht durch Extremwerte beeinflussen lässt (Heesen, 2021, S. 216).

Um den Median berechnen zu dürfen benötigt es mindestens eine Ordinalskala, weil bei der Nominalskala die Werte nicht aufsteigend sortiert werden können, da diese dort als gleich gelten.

In dem Datensatz zur Altersverteilung gibt es insgesamt 20 Zahlen, also eine gerade Anzahl an Zahlen. Da die Zahlen bereits sortiert sind muss der Schritt der Sortierung hier nicht beachtet werden. Die beiden Zahlen in der Mitte sind „27" und „28", beide zusammengerechnet und durch zwei dividiert ergibt einen Median von „27,5".

Der Mittelwert wird berechnet, indem die Summe aller Zahlen gebildet wird und dann durch die Anzahl an Zahlen dividiert wird. Der Mittelwert wird am häufigsten berechnet, da dieser häufig weiter verwendet wird für andere statistische Berechnungen (Schäfer, 2016, S. 55 – 56).

In dem Beispiel wird also angeben, wie alt die Gruppe im Durchschnitt ist. Um den Mittelwert zu berechnen, benötigt es mindestens eine Intervallskala.

Für die beispielhafte Altersverteilung muss also zunächst die Summe aller Zahlen gebildet werden (16 + 18 + 19 + 19 + 22 + 22 + 24 + 25 + 25 + 27 + 28 + 30 + 34 + 34 + 34 + 36 + 36 + 37 + 39 + 40 = 565). Diese Summe muss nun durch die Anzahl aller Zahlen, also 20 dividiert werden (565/20 = 28,25). Der Mittelwert beträgt also 28,25 Jahre. In diesem Fall gibt es keine großen Ausreißer, da der Mittelwert ähnlich dem Median ist (Differenz von nur 0,75 Jahren).

Dispersionsmaße

Zu den Dispersionsmaßen gehört die Range, die Varianz und die Standardabweichung. Die Dispersionsmaße sollen die Streuung (Verteilung) der Daten beschreiben.

Die Range beschreibt wie weit die Daten zerstreut sind. Dabei wird der kleinste Wert und der größte Wert angesehen, um daraus den Bereich zu bestimmen, wie sehr die Werte verteilt sind (Budischewski, Ornau & Koch, 2021, S. 34).

Die Range benötigt eine Intervallskala, da hier Werte verwendet werden, welche bei der Ordinalskala nicht geben sind. Dort könnte höchstens eine Range mit Wörtern geboten werden (Hauptschulabschluss – Abitur). Bei der Altersverteilung liegt die Range bei 16 – 40 Jahren.

Ein weiteres Dispersionsmaß ist die Varianz. Dabei soll herausgefunden werden, ob die einzelnen Daten dicht beim Mittelwert sind oder weit verstreut sind. Rechnerisch wird jeder Wert vom Mittelwert abgezogen und quadriert, anschließend wird die Summe davon gebildet. Zum Schluss wird die Summe durch die Anzahl der Zahlen dividiert. Die Varianz kann vor allem graphisch gut dargestellt werden, aussagekräftiger ist die Standardabweichung, welche als nächstes vorgestellt wird. (Budischewski, Ornau & Koch, 2021, S. 34; Christensen, Christensen & Missong, 2019, S. 25 – 26).

Für die Varianz müssen die Daten intervallskaliert sein, da hier der Mittelwert benötigt wird. Für die Berechnung der Altersverteilung wird also z. B. die Zahl „16" genommen und durch den Mittelwert von „28,25" subtrahiert und anschließend quadriert (16-28,25 =   -12,25² = 150,06). Dies wird mit allen Zahlen gemacht und dann die Summe gebildet. In Summe ergibt sich die Zahl „1097,75" welche nun noch durch 20 dividiert werden muss. Es ergibt eine Varianz von „54,89".

Da wie gesagt die Varianz nicht sehr aussagekräftig ist wird nun noch die Standardabweichung durchgeführt. Dies ist einfach nur die Wurzel aus der Varianz. Mit der Standardabweichung kann nun bestimmt werden, um wie viel die Werte vom Mittelwert nach oben und unten abweichen (Bortz & Schuster, 2010, S. 31).

Aufgrund dessen, dass die Standardabweichung auf der Varianz aufbaut, müssen auch hier die Daten intervallskaliert sein.

Die Standardabweichung für die Altersverteilung wird also bestimmt durch die Wurzel von „54,89". Die Standardabweichung beträgt 7,4 Jahre. Das bedeutet, dass das Alter vom Mittelwert um 7,4 Jahre nach oben oder unten abweicht. Es gibt aber in diesem Datensatz auch Menschen, welche darüber hinaus jünger (16 Jahre) oder älter (40 Jahre) sind, diese sind dann ober- oder unterhalb der Norm.

Statistische Analysen mit SPSS

Um statistische Berechnungen besser in der Praxis durchzuführen, gibt es gewisse Softwareprogramme, welche die statistischen Berechnungen automatisch übernehmen. Der Anwender, bzw. die Anwenderin benötigt nur das Wissen darüber, welche Berechnungen durchgeführt werden dürfen und wie die Ergebnisse zu interpretieren sind.

Ein bekanntes Softwareprogramm ist SPSS. Dabei steht SPSS ursprünglich für „Statistical Package of Social Science", heutzutage steht es für „Superior Performing Software System". Dabei ist der Vorteil, dass SPSS große Datenmengen schnell berechnen kann. Der Anwender, bzw. die Anwenderin muss also nicht die Berechnungen von Hand ausführen, was zu weniger Fehlern führt, das Wissen über die erlaubten Berechnungen (je nach Skalenniveau) benötigt der Anwender, bzw. die Anwenderin trotzdem (Budischewski, Ornau & Tausch, 2019, S.11; Eckstein, 2016, S. 2).

In diesem Kapitel sollen unterschiedliche statistische Berechnungen mit SPSS durchgeführt werden. Dafür wird ein Datensatz verwendet, wo 5000 Beschäftigte aus Deutschland befragt worden sind (Sommer & Schmitt-Howe, 2018).

Hierbei werden unterschiedliche statistische Berechnungen vorgenommen, von Häufigkeitsverteilungen, über Grafiken und deskriptiver Statistik bis hin zur Inferenzstatistik (Unterschiede) und Korrelationen (Zusammenhänge).

Alters- und Geschlechtsverteilung

Für die Geschlechtsverteilung reicht es aus eine Häufigkeitstabelle zu erstellen, ein zusätzlicher Modalwert kann allerdings auch bestimmt werden.

In SPSS kann eine Häufigkeitstabelle erstellt werden in dem auf „Analysieren – Deskriptive Statistiken – Häufigkeiten" geklickt wird. Die Variable „Geschlecht" wird nun durch das Anklicken des blauen Pfeils ausgewählt und zusätzlich kann unter dem Menüpunkt „Statistiken" der „Modalwert" ausgewählt werden. In Abbildung 1 sind die Ergebnisse zu entnehmen. Alle Befragten haben ein Geschlecht ausgewählt, dabei wurden 2086 (41,7%) männliche und 2914 (58,3%) weibliche Personen befragt. Es wurden also mehr weibliche als männliche Personen befragt.

Geschlecht

		Häufigkeit	Prozent	Gültige Prozente	Kumulierte Prozente
Gültig	Männlich	2086	41,7	41,7	41,7
	Weiblich	2914	58,3	58,3	100,0
	Gesamt	5000	100,0	100,0	

Abbildung 1: Geschlechtsverteilung

(Quelle: Eigene Darstellung)

Die Altersverteilung kann genauso wie die Geschlechtsverteilung erstellt werden. Hierbei sollte allerdings bei der Auswahl der Variablen auf die Häufigkeitstabellen verzichtet werden. Unter dem Menüpunkt „Statistiken" sollten nun mehr Parameter ausgewählt werden, wie der „Modalwert", der „Median", der „Mittelwert", das „Minimum", das „Maximum" und die „Standardabweichung". Diese Parameter wurden bereits in Kapitel 2 vorgestellt, weshalb an dieser Stelle auf eine Erläuterung verzichtet wird. In Abbildung 2 können die Ergebnisse entnommen werden. Hier kann betrachtet werden, dass 15 Personen kein Alter angegeben haben. Die jüngste Person war 15 Jahre alt und die älteste Person war 80 Jahre alt. Das häufigste vorkommende Alter ist 52 Jahre und das Durchschnittsalter beträgt 47,24 Jahre. Der Median ist mit 49 Jahren etwas größer, was mit 1,76 Jahren allerdings nicht weiter bedeutsam ist. Mit der Standardabweichung von 10,483 Jahren kann gesagt werden, dass das „normalverteilte" Alter dieser Stichprobe zwischen 36,757 und 57,724 Jahren liegt. Es gibt aber auch Altersstufen die (sehr) über, bzw. unter der Norm liegen.

Statistiken

Alter

N	Gültig	4985
	Fehlend	15
Mittelwert		47,24
Median		49,00
Modus		52
Std.-Abweichung		10,483
Minimum		15
Maximum		80

Abbildung 2: Altersverteilung

(Quelle: Eigene Darstellung)

Grafiken

In SPSS können drei Arten von Grafiken erstellt werden, das Balkendiagramm, das Kreisdiagramm und das Histogramm (Budischewski, Ornau & Tausch, 2019, S.41). Ein Balkendiagramm (auch Säulendiagramm genannt) kann für nominale, sowie für ordinale Variablen erstellt werden. Dabei gibt es immer zwei Achsen, dabei werden die absoluten Häufigkeiten in der senkrechten Achse dargestellt und die andere Variable (wie Personen oder Unternehmen) auf der waagrechten Achse. Die Breite der Balken ist immer gleich, dass interessante liegt in der Höhe der Achse, dort kann abgelesen werden, wie z. B. ein Unternehmen abgeschnitten hat und kann direkt mit anderen Unternehmen verglichen werden (Haack, Tippe, Stobernack & Wendler, 2017, S. 401).

Bei einem Histogramm werden Merkmalswerte in Klassen eingeteilt, um hieraus eine Häufigkeitsverteilung zu zeigen. Eine zusätzliche Normalverteilungskurve kann ebenfalls angegeben werden. Zwar sieht ein Histogramm erstmal so aus wie ein Balkendiagramm, allerdings liegt hier der Unterschied in den Flächeninhalten, welche sich hier an den Häufigkeiten der Klassen orientieren (Eckstein, 2019, S. 105).

Ein Kreisdiagramm ist wie der Name schon sagt kreisförmig. Dessen Flächen sind proportional, meist mit den relativen Werten, also in Prozent (Bas, 2020, S. 114 - 115). Werden die Prozentwerte also aufaddiert dann kommt immer 100% heraus.

Grafiken können in SPSS unter „Analysieren – Deskriptive Statistiken – Häufigkeiten" erstellt werden. Hier muss wieder die gewünschte Variable ausgewählt werden und unter dem Menüpunkt „Diagramme" können nun Diagramme erstellt werden in absoluten Häufigkeiten (Abbildung 3) oder in relativen Häufigkeiten (Abbildung 4). In diesem Beispiel wurde ein Kreisdiagramm für die Variable „Fachkraft für Arbeitssicherheit" erstellt. Es kann grafisch herausgelesen werden, dass 3515 (70,3%) Befragte angegeben haben, dass sie im Betrieb eine Fachkraft für Arbeitssicherheit haben. 1169 (23,38%) Befragte haben angeben, dass sie keine Fachkraft haben, 309 (6,18%) Befragte haben angeben, dass sie nicht wüssten, ob sie eine Fachkraft haben und 7 (0,14%) Befragte gaben keine Antwort ab. Die meisten Befragten gaben also an, dass sie eine Fachkraft für Arbeitssicherheit in ihren Betrieben haben.

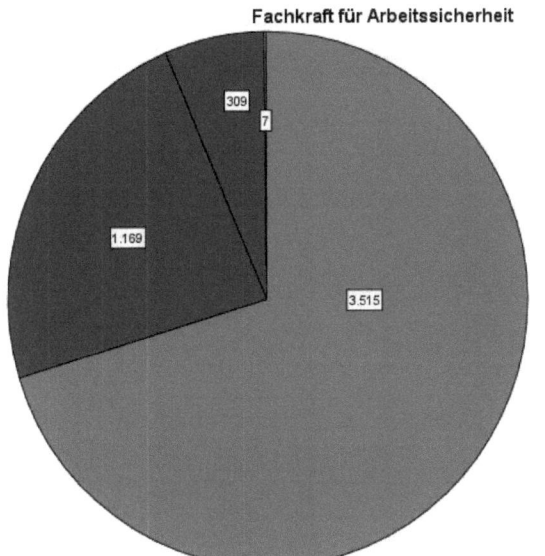

Fachkraft für Arbeitssicherheit

■ Ja
■ Nein
■ Weiß nicht
□ Keine Angabe

(in absteigender Reihenfolge)

Abbildung 3: Fachkraft für Arbeitssicherheit in absoluten Häufigkeiten
(Quelle: Eigene Darstellung)

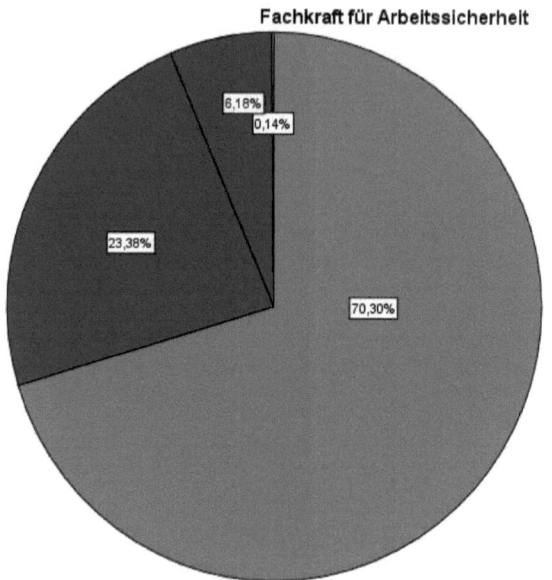

Fachkraft für Arbeitssicherheit

Ja
Nein
Weiß nicht
Keine Angabe
(in absteigender Reihenfc

6,18%
0,14%
23,38%
70,30%

Abbildung 4:   Fachkraft für Arbeitssicherheit in relativen Häufigkeiten
(Quelle: Eigene Darstellung)

Deskriptive Statistik

Im Folgenden sollen durch deskriptive Statistiken Daten erhoben werden zu den berufsbedingten gesundheitlichen Beschwerden und für die Belastungen der Befragten, sowohl psychisch als auch physisch.

Dabei können erneut Häufigkeitstabellen erstellt werden mit zusätzlichen Lage- und Streuparameter, wie es bereits bei der Alters- und Geschlechtsverteilung gemacht worden ist. Die berufsbedingten gesundheitlichen Beschwerden sind ordinalskaliert, sofern die Antwortmöglichkeiten „Nicht sicher ob arbeitsbedingt", „Weiß nicht" und „keine Angabe" als fehlende Werte interpretiert werden. In Abbildung 5 ist die Häufigkeitstabelle zu finden. Hier ist zu erkennen, dass 64 (1,3%) Befragte fehlende Werte abgegeben haben. 250 (5%) Befragte antworteten mit „Fast immer", 985 (19,7%) mit „Eher häufig", 1830 (36,6%) mit „Eher selten" und 1871 (37,4%) antworteten mit „Fast nie". Die meistgenannte Antwort (Modus) ist somit „Fast nie", der Median liegt bei der Antwort „Eher selten". Die Befragten haben also eher weniger berufsbedingte gesundheitliche Beschwerden.

Häufigkeit gesundheitliche Beschwerden

		Häufigkeit	Prozent	Gültige Prozente	Kumulierte Prozente
Gültig	Fast immer	250	5,0	5,1	5,1
	Eher häufig	985	19,7	20,0	25,0
	Eher selten	1830	36,6	37,1	62,1
	Fast nie	1871	37,4	37,9	100,0
	Gesamt	4936	98,7	100,0	
Fehlend	Nicht sicher ob arbeitsbedingt	26	,5		
	Weiß nicht	22	,4		
	Keine Angabe	16	,3		
	Gesamt	64	1,3		
Gesamt		5000	100,0		

Abbildung 5: Häufigkeitstabelle berufsbedingte gesundheitliche Beschwerden
(Quelle: Eigene Darstellung)

In Abbildung 6 können mehrere deskriptive Statistiken zu den physischen und psychischen Belastungen angesehen werden. Da diese intervallskaliert sind können hier nun auch Mittelwert, Standardabweichung, Minimum und Maximum berechnet werden. Beginnend mit der physischen Belastung konnten für 4996 Befragte ein Wert ermittelt werden für vier Befragte nicht, da sie wahrscheinlich einer der dazu benötigten Variablen nicht beantwortet haben (fehlender Wert). Das Minimum beträgt 1 das Maximum 4, das bedeutet es gibt sowohl Befragte, welche keine physischen Belastungen haben als auch welche die sehr viele haben. Der Mittelwert beträgt 3,21 (Standardabweichung: 0,72) und der Median 3,25. Um diesen Wert zu verstehen ist es von Bedeutung, wie die verwendeten Variablen codiert wurden. Daraus wird ersichtlich, dass ein geringer Wert bedeutet, dass es eher eine Belastung gibt. Somit ist aus dem Mittelwert und dem Median ersichtlich, dass die meisten Befragten eher keine (wenige) physische Belastungen haben. Ebenfalls ist der Modus bei 4, das bedeutet die meisten haben gar keine physischen Beschwerden. Bei der psychischen Belastung konnten Werte für 4999 Befragte ermittelt werden für einen konnte kein Wert ermittelt werden. Auch hier ist das Minimum 1 und das Maximum 4. Der Mittelwert beträgt hier 2,76 (Standardabweichung: 0,71), der Median beträgt 2,66 und der Modus 2,67. Wie aus den Daten ersichtlich wird sind die psychischen Belastungen mehr vertreten als die physischen Belastungen. Aus den Daten kann entnommen werden, dass die psychischen Belastungen mittelmäßig ausgeprägt sind.

Statistiken

		physische Belastungen - Mittelwert aus W15A212b,W15A212c,W15A212d,W15A212e	psychische Belastungen - Mittelwert aus W15A212f,W15A212g,W15A212h
N	Gültig	4996	4999
	Fehlend	4	1
Mittelwert		3,2148	2,7659
Median		3,2500	2,6667
Modus		4,00	2,67
Std.-Abweichung		,72543	,71940
Minimum		1,00	1,00
Maximum		4,00	4,00

Abbildung 6:   Statistiken zu physischen und psychischen Belastungen
(Quelle: Eigene Darstellung)

Inferenzstatistik

In diesem Abschnitt zur Inferenzstatistik soll es darum gehen, ob es einen Unterschied für die physische und psychische Belastung macht, ob der Betrieb eine Fachkraft für Arbeitssicherheit hat oder nicht. Auf Abbildungen wird an dieser Stelle verzichtet, da die Berechnung große Tabellen hervorbringt, welche in diesem Umfang nicht anschaulich dargestellt werden können. Die Berechnung kann mit einem T-Test erfolgen. Bei einem T-Test benötigt es eine nominalskalierte Variable (unabhängige Variable), indem Fall die Fachkraft für Arbeitssicherheit und eine intervallskalierte Variable (abhängige Variable), in dem Fall die physische und psychische Belastung (Kuhlmei, 2018, S. 136).

In dem Fall wird eine unabhängige Stichprobe betrachtet. Dies liegt daran, dass unterschiedliche Personengruppen betrachtet werden (mit Fachkraft, ohne Fachkraft), es intervallskaliert ist, die Normalverteilung vorhanden ist (wird ab 30 Befragten angenommen) (Budischewski, Ornau & Tausch, 2019, S. 67).

In SPSS wird ein T-Test bei einer unabhängigen Stichprobe wie folgt angefordert „Analysieren – Mittelwerte vergleichen – t-test bei unabhängigen Stichproben". In die Testvariable wird nun die physische, bzw. psychische Beschwerden-Variable hinzugefügt und in die Gruppierungsvariable die Fachkraft für Arbeitssicherheit-Variable. Unter „Gruppen definieren" wird für die Gruppe 1 und 2 die jeweilige Zahl eingegeben. Mit dem abschließenden Klick auf „OK" wird die Berechnung durchgeführt. Es sollten zuvor noch Hypothesen gebildet werden.

In dem Fall ist H0 (Nullhypothese) „Die physische Belastung unterscheidet sich nicht, aufgrund der Fachkraft für Arbeitssicherheit". H1 (Alternativhypothese): „Die physische Belastung unterscheidet sich, aufgrund der Fachkraft für Arbeitssicherheit". Zuerst muss bei der Berechnung der Levene-Test berücksichtigt werden, welcher in der zweiten Tabelle zu finden ist.

Der Levene-Test sagt aus, ob es eine Varianzhomogenität gibt, sollte die Signifikanz kleiner als 0,05 sein, dann müssen die korrigierten Werte „Varianzen sind nicht gleich" berücksichtigt werden, ansonsten die Werte der „Varianzen sind gleich" (Budischewski, Ornau & Tausch, 2019, S. 69).

Bei der Berechnung für die physische Belastung ergibt sich eine Signifikanz von 0,004, also müssen die Werte „Varianzen sind nicht gleich" berücksichtigt werden. Der Wert der Signifikanz des T-Werts ergibt eine Signifikanz von 0,006 es muss also davon ausgegangen werden, dass es signifikante Unterschiede gibt. Das bedeutet es gibt für die physische Belastung einen signifikanten Unterschied, ob der Betrieb eine Fachkraft für Arbeitssicherheit hat oder nicht (H0 wird verworfen, H1 wird angenommen). Aus der ersten Tabelle (Gruppenstatistiken) kann etwas Interessantes herausgenommen werden, denn die Befragten, welche behaupteten sie hätten keine Fachkraft für Arbeitssicherheit haben einen Mittelwert von 3,25 erzielt, während die Befragten, welche behaupteten sie hätten eine Fachkraft für Arbeitssicherheit nur einen Mittelwert von 3,19 erzielten. Somit sind die physischen Belastungen geringer, wenn es keine Fachkraft für Arbeitssicherheit gibt.

Der gleiche Test kann nun noch für die psychische Belastung durchgeführt werden. H0 lautet hier: „Die psychische Belastung unterscheidet sich nicht, aufgrund der Fachkraft für Arbeitssicherheit". H1: „Die psychische Belastung unterscheidet sich, aufgrund der Fachkraft für Arbeitssicherheit". Hier ergibt der Levene-Test eine Signifikanz von 0,128, was größer ist als 0,05, weshalb hier die Werte „Varianzen sind gleich" angenommen werden müssen. Das Signifikanzniveau beträgt hier 0,717 was größer ist als 0,05, weshalb hier nicht von einer Signifikanz gesprochen werden kann. In dem Fall kann angenommen werden, dass es keinen Unterschied für die psychische Belastung macht, ob es eine Fachkraft für Arbeitssicherheit gibt oder nicht (H0 wird angenommen, H1 verworfen). Dies kann auch in der Tabelle „Gruppenstatistiken" gesehen werden. Hier sind die Mittelwerte mit Fachkraft bei 2,76 und ohne Fachkraft bei 2,75, also keine große Unterscheidung.

Zusammenhänge

Im vorherigen Abschnitt wurden Unterschiede zwischen zwei Variablen berechnet und interpretiert, es können aber auch Zusammenhänge berechnet und interpretiert werden. Dazu sollen verschiedene Arten des Engagements für Arbeitsschutz mit der Variablen berufsbedingter gesundheitlicher Beschwerden verglichen werden, um zu sehen, ob es hier einen Zusammenhang gibt. Dabei sind alle Variablen, welche hier betrachtet werden, ordinalskaliert, weshalb die Berechnung mit der Spearman-Rang-Korrelation durchgeführt werden kann.

Bei der Spearman-Rang-Korrelation werden alle Werte sortiert und mit Rangzahlen beziffert, wobei der kleinste Wert 1 bekommt und dann die Werte aufsteigend vergeben werden. Sollten mehrere Daten denselben Rangplatz haben, wird dort ein Mittelwert für die Rangzahl ermittelt (Weiß, 2013, S.86).

In SPSS wird die Berechnung automatisch durchgeführt indem wie folgt geklickt wird: „Analysieren – Korrelation – Bivariat". Dort können nun alle Variablen ausgewählt werden und unter „Korrelationskoeffizienten" wird „Spearman" ausgewählt. Es entsteht eine große Tabelle mit allen Korrelationen, zwischen allen Variablen. Dabei werden die Korrelationen immer nur mit zwei Variablen erstellt und nie als Ganzes.

Korrelationskoeffizienten können zwischen -1 und 1 betragen, wobei 1 einen perfekten Zusammenhang widerspiegelt, 0 keinen linearen Zusammenhang und -1 einen gegenläufigen Zusammenhang (Perret, 2019, S. 416).

Da die Ergebnistabelle sehr groß ist in SPSS wird hier auf eine Darstellung verzichtet. Die letzte Spalte in der Tabelle ist die „Häufigkeit gesundheitlicher Beschwerden", also die Variable, welche mit allen anderen Variablen verglichen werden soll. Es werden unterschiedliche Korrelationen erkannt, mit der Variable „Sicherheitsmängel werden sofort beseitigt" ein Wert von -0,226, mit der Variable „Minimierung langfristiger gesundheitlicher Beschwerden" ein Wert von -0,297, mit der Variable „klar verständliche innerbetriebliche Regelungen zum Arbeitsschutz" ein Wert von -0,146, mit der Variable „Sicherheitsmängel melden ist selbstverständlich" ein Wert von -0,135 und mit der Variable „Konsequenzen bei Nichteinhaltung der Arbeitsschutzvorgaben" ein Wert von -0,059. Die Ergebnisse zeigen, immer einen geringen negativen Zusammenhang, das bedeutet, wenn die jeweiligen Variablen hoch sind, dann wird die Variable der gesundheitlichen Beschwerden runter gehen. Dies macht Sinn, da all diese Variablen die gesundheitliche Beschwerden prävenieren sollen und daher ein hoher Wert dort, die gesundheitlichen Beschwerden verringern soll. Aber aufgrund des geringen Zusammenhangs kann nicht davon ausgegangen werden, dass allein diese Variablen die gesundheitlichen Beschwerden eliminieren werden.

Fazit und Diskussion

Statistische Methoden können helfen einen Überblick über die Daten zu bekommen. Mit Lage- und Streuungsparameter werden große Datenmengen ein wenig zusammengefasst, sodass diese besser interpretierbar sind. Auch die Berechnungen zu Unterschieden und Zusammenhängen können helfen Variablen zu verstehen. Kritisch wird es deshalb, dass die Statistik nur eine Wahrscheinlichkeit abgibt und es somit nicht 100%ig richtig ist, was die Interpretation und Schlussfolgerung der Ergebnisse angeht. So ist das Ergebnis bei der Inferenzstatistik, dass Befragte ohne Fachkraft für Arbeitssicherheit, weniger physische Beschwerden haben zu hinterfragen. Zum einem ist die Gruppe der Befragten sehr unausgeglichen (viel mehr Befragte, mit Fachkraft) und zum anderen kann nicht aufgrund einer Variable darauf geschlussfolgert werden, was der Grund für die physische Belastung ist. Die Ergebnisse können auch nur deshalb so gewesen sein, weil die Stichprobe nicht angemessen war. Zwar können also mit der Statistik signifikante Ergebnisse berechnet werden, ob diese allerdings realitätstreu und allgemein richtig sind, ist die andere Frage.

Anhang

Anhang 1: Fragebogen

Fragebogen zur Emotionalen Intelligenz

Ziel der Befragung

Das Ziel dieser Befragung ist es die emotionale Intelligenz der Menschen zu erfassen, um herauszufinden wie stark die emotionale Intelligenz ausgeprägt ist. Dabei soll das Hauptziel sein eine Normierung zu erstellen, sodass zukünftige Testergebnisse sich mit der Norm vergleichen können, wie es bereits beim Intelligenzquotienten (IQ) der Fall ist.

Der Test zur emotionalen Intelligenz soll dann von potenziellen Arbeitnehmern, bzw. Arbeitnehmerinnen angewandt werden, um herauszufinden wie gut sie mit Emotionen klarkommen, was für Berufe wie Erzieher/Erzieherinnen oder Therapeuten/Therapeutinnen relevant ist.

Der Fragebogen

Der Fragebogen besteht aus fünf Kategorien.

Teil A: Wahrnehmung, Bewertung und Ausdruck von Emotionen

Teil B: Nutzung von Emotionen bei kognitiven Anforderungen

Teil C: Verstehen und Analyse von Emotionen

Teil D: Emotionsmanagement

Teil E: Demographische Angaben

Um den Fragebogen vollständig auszufüllen, benötigen Sie ca. 15 Minuten.

Der Befragungszeitraum gilt ab dem 01. April 2022 bis zum 31. April 2022.

Was geschieht mit den Ergebnissen?

Die Ergebnisse werden streng vertraulich behandelt. Die Ergebnisse werden zusammengefasst und miteinander verglichen, um eine Normierungstabelle zu erstellen. Dabei werden die Ergebnisse allerdings immer anonym betrachtet.

Haben Sie noch Fragen?

Bei eventuellen Fragen melden Sie sich bitte bei Herrn Denis Pyttel.

E-Mail: mustermail@muster.de

Anleitung zum Ausfüllen des Fragebogens

Bei den meisten Fragen werden Sie gebeten eine Antwortalternative zu wählen, bitte kreuzen Sie in dem Fall **genau ein Kästchen** an. Falls es eine Antwortalternative „Sonstiges" gibt und diese für Sie zutrifft, dann schreiben Sie hier bitte Ihre entsprechende alternative Antwort rein.

Es gibt auch zwei offene Fragen, nämlich zum Alter und zum Herkunftsland, schreiben Sie hier bitte **eine Zahl**, bzw. **ein Wort** (ein Land) auf.

Teil A: Wahrnehmung, Bewertung und Ausdruck von Emotionen

Im ersten Teil dieses Fragebogens geht um die Fähigkeit die eigenen Emotionen, sowie die Emotionen anderer wahrzunehmen, sowie über den Ausdruck der eigenen Emotionen, sowie den Emotionen anderer.

	Sehr schlecht	schlecht	Mittel-mäßig	gut	Sehr gut
1. Wie gut nehmen Sie Ihre eigenen Emotionen wahr?					
2. Wie gut nehmen Sie die Emotionen anderer wahr?					
3. Wie gut können Sie Ihre eigenen Emotionen ausdrücken?					
4. Wie gut schätzen Sie die Emotionen anderer ein?					

Teil B: Nutzung von Emotionen bei kognitiven Anforderungen

In diesem Teil soll es darum gehen, wie gut Sie Ihre Emotionen in unterschiedlichen Situationen einsetzen können.

	Stimme nicht zu	Stimme eher nicht zu	Neutral	Stimme eher zu	Stimme zu
5. Emotionen helfen mir sich auf das Wesentliche zu konzentrieren					
6. Ich kann Emotionen hervorrufen, um mir ein besseres Urteil zu bilden					
7. Ich kann Emotionen aufgrund von unterschiedlichen Sichtweisen hervorrufen					
8. Emotionen helfen mir, um Probleme zu lösen					

Teil C: Verstehen und Analyse von Emotionen

In diesem Frageteil geht es um das Verständnis von Emotionen.

	Stimme nicht zu	Stimme eher nicht zu	Neutral	Stimme eher zu	Stimme zu
9. Ich kann Emotionen verbal beschreiben					
10. Ich kann Konsequenzen erkennen, welche durch Emotionen entstehen können					
11. Ich kann den Ursprung meiner Emotionen erkennen					
12. Ich kann komplexe Emotionen erkennen					
13. Ich kann die Mischung von unterschiedlichen Emotionen erkennen					
14. Ich kann die zeitliche Abfolge von Emotionen erkennen					

Teil D: Emotionsmanagement

In diesem Teil soll es darum gehen, wie Sie mit Emotionen leben, diese reflektieren und beeinflussen.

	Stimme nicht zu	Stimme eher nicht zu	Neutral	Stimme eher zu	Stimme zu
15. Ich bin offen für alle Emotionen, sowohl positive als auch negative					
16. Ich distanziere mich von einigen Emotionen					
17. Ich reflektiere meine Emotionen					
18. Ich beeinflusse die Emotionen von anderen					

Teil E: Demographische Angaben

In diesem letzten Teilbereich geht es um Ihre Person.

	Weniger als 5 Minuten	5 – 10 Minuten	11 – 15 Minuten	16 – 20 Minuten	Mehr als 20 Minuten
19. Wie lange haben Sie für den Fragebogen benötigt?					

28

	Männlich	Weiblich
20. Geschlecht		

21. Alter in Jahren	

22. Herkunftsland	

	Ledig/Single	Verheiratet/ Partnerschaft
23. Familienstand		

	24. Welchen Schulabschluss haben Sie?
Ohne Abschluss	
Hauptschulabschluss	
Mittlere Reife	
(Fach-)Abitur	
Hochschulabschluss	
Sonstiges (mit Angabe)	

	25. Wie ist Ihr Beschäftigungsstatus?
Arbeitslos	
Vollzeitangestellt	
Teilzeitangestellt	
Minijobber	
Eigenständig	
Student	
Schüler	
Pensioniert	

Vielen Dank für Ihre Teilnahme.
Sie können nun noch gerne Anmerkungen zu dem Fragebogen machen. Über Ihre Kritik und Verbesserungsvorschläge freuen wir uns sehr. Danke!

Anmerkungen

Literaturverzeichnis

2ask. (o. D.). *Leitfaden für die Erstellung eines Fragebogens.* Zugriff am 03.03.2022. Verfügbar unter https://www.2ask.de/media/1/10/2/3/5/bc958b68e726b401/Leitfaden_Fragebogenerstellung. pdf

Bas, E. (2020). *Einführung in Wahrscheinlichkeitsrechnung, Statistik und Stochastische Prozesse.* (1. Aufl.). Wiesbaden: Springer Vieweg. https://doi.org/10.1007/978-3-658-32120-8

Bortz, J. & Schuster, C. (2010). *Statistik für Human- und Sozialwissenschaftler.* (7. Aufl.). Berlin, Heidelberg: Springer. https://doi.org/10.1007/978-3-642-12770-0

Bosley, I. & Kasten, E. (2018). *Emotionale Intelligenz.* (1. Aufl.). Berlin, Heidelberg: Springer. https://doi.org/10.1007/978-3-662-54815-8

Budischewski, K., Ornau, F. & Koch, D. (2021). *Statistik.* (5. Aufl.). Riedlingen: Studienbrief der SRH Fernhochschule.

Budischewski, K., Ornau, F. & Tausch, A. (2019). *SPSS.* (3. Aufl.). Riedlingen: Studienbrief der SRH Fernhochschule.

Christensen, B., Christensen, S. & Missong, M. (2019). *Statistik klipp & klar.* (1. Aufl.). Wiesbaden: Springer. https://doi.org/10.1007/978-3-658-27218-0

Döring, N. & Bortz, J. (2016). *Forschungsmethoden und Evaluation in den Sozial- und Humanwissenschaften.* (5. Aufl.). Berlin, Heidelberg: Springer. https://doi.org/10.1007/978-3-642-41089-5

Eckstein, P. (2016). *Angewandte Statistik mit SPSS.* (8. Aufl.). Wiesbaden: Springer. https://doi.org/10.1007/978-3-658-10918-9

Eckstein, P. (2019). *Statistik für Wirtschaftswissenschaftler.* (6. Aufl.). Wiesbaden: Springer. https://doi.org/10.1007/978-3-658-24798-0

Föhl, U. & Friedrich, C. (2022). *Quick Guide Onlinefragebogen.* (1. Aufl.). Wiesbaden: Springer. https://doi.org/10.1007/978-3-658-36291-1

GESIS Leibniz-Institut für Sozialwissenschaften. (o. D.). *Soziodemographische Variablen.* Zugriff am 03.03.2022. Verfügbar unter https://www.gesis.org/gesis-survey-guidelines/instruments/erhebungsinstrumente/sozio-demographische-merkmale

Haack, B., Tippe, U., Stobernack, M. & Wendler, T. (2017). *Mathematik für Wirtschaftswissenschaftler.* (1. Aufl.). Berlin, Heidelberg: Springer. https://doi.org/10.1007/978-3-642-55175-8

Häcker, H. O. (2021). *Fragebogen.* Zugriff am 28.02.2022. Verfügbar unter https://dorsch.hogrefe.com/stichwort/fragebogen

Heesen, B. (2021). *Data Science und Statistik mit R.* (1. Aufl.). Wiesbaden: Springer. https://doi.org/10.1007/978-3-658-34825-0

Kuhlmei, E. (2018). *Lerne mit uns Statistik!* (1. Aufl.). Berlin, Heidelberg: Springer. https://doi.org/10.1007/978-3-662-56082-2

Kühnapfel, J. (2021). *Scoring und Nutzwertanalysen*. (1. Aufl.). Wiesbaden: Springer. https://doi.org/10.1007/978-3-658-34810-6

Moosbrugger, H. & Kelava, A. (Hrsg.). (2020). *Testtheorie und Fragebogenkonstruktion*. (3. Aufl.). Berlin, Heidelberg: Springer. https://doi.org/10.1007/978-3-662-61532-4

Müllner, M. & Müllner, C. (2021). *Emotional intelligent führen*. (2. Aufl.). Wiesbaden: Springer. https://doi.org/10.1007/978-3-658-33219-8

Reinhardt, R. & Ornau, F. (2015). *Fragebogentechnik*. (2. Aufl.). Riedlingen: Studienbrief der SRH Fernhochschule.

Perret, J. (2019). *Arbeitsbuch zur Statistik für Wirtschafts- und Sozialwissenschaftler*. (1. Aufl.). Wiesbaden: Springer. https://doi.org/10.1007/978-3-658-26148-1

Porst, R. (2014). *Fragebogen*. (4. Aufl.). Wiesbaden: Springer VS. https://doi.org/10.1007/978-3-658-02118-4

Schäfer, T. (2016). *Methodenlehre und Statistik*. (1. Aufl.). Wiesbaden: Springer. https://doi.org/10.1007/978-3-658-11936-2

Schmidt-Atzert, L., Krumm, S. & Amelang, M. (2021). *Psychologische Diagnostik*. (6. Aufl.). Berlin, Heidelberg: Springer. https://doi.org/10.1007/978-3-662-61643-7

Schuster, T. & Liesen, A. (2017). *Statistik für Wirtschaftswissenschaftler*. (2. Aufl.). Berlin, Heidelberg: Springer. https://doi.org/10.1007/978-3-662-49836-1

Sommer, Sabine, & Schmitt-Howe, Britta (2018). Company and Employee Survey 2015 in Framework of the Evaluation of the Joint German Occupational Safety and Health Strategy (GDA) - Strategy Period II. *GESIS Data Archive, Cologne. ZA6759 Data file Version 1.0.0*. https://doi.org/10.4232/1.12653.

Theobald, A. (2017). *Praxis Online-Marktforschung*. (1. Aufl.). Wiesbaden: Springer. https://doi.org/10.1007/978-3-658-10203-6

Weiß, C. (2013). *Basiswissen Medizinische Statistik*. (6. Aufl.). Berlin, Heidelberg: Springer. https://doi.org/10.1007/978-3-642-34261-5

BEI GRIN MACHT SICH IHR
WISSEN BEZAHLT

- Wir veröffentlichen Ihre Hausarbeit,
  Bachelor- und Masterarbeit

- Ihr eigenes eBook und Buch -
  weltweit in allen wichtigen Shops

- Verdienen Sie an jedem Verkauf

Jetzt bei www.GRIN.com hochladen
und kostenlos publizieren